Weihnachtskrippen auf der ganzen Erde

Die Weihnachtskrippen haben schon im 13. Jahrhundert der Verkündigung gedient. Die erste Krippe wird dem Heiligen Franz von Assisi 1223 zugeschrieben. Im 14. Jahrhundert wurde in den Frauenklöstern das Christkind in die Weihnachtsverkündigung hineingenommen. Mit ihm kam es dann auch zur weiteren Ausgestaltung der Weihnachtskrippe. Kaum hundert Jahre später begann durch die christliche Seefahrt die Heidenmission. Das Evangelium von der Geburt Jesu ging durch die Welt. Brasilien, Japan und Indien gehörten zu den ersten Nationen, in denen der christliche Glaube Wurzeln schlug. So wurde auch die Tradition des Weihnachtsfestes in die Welt hinausgetragen und mit ihr die Weihnachtsbilder durch kunstvoll geschnitzte Krippenfiguren.

Heute gibt es Weihnachtskrippen auf der ganzen Erde unter fast allen Völkern mit ihren weißen, schwarzen, braunen, roten und gelben Hautfarben. Diese verschiedenen Menschenrassen prägen auch die Krippenfiguren. Es ist zu bewundern, wie kunstvoll die Völker ihre Krippen geschnitzt haben. Die vielen Krippenausstellungen legen davon Zeugnis ab. Nicht nur die um das Jesuskind sich formierenden Menschengruppen sind von ihrem Volk geprägt, sondern auch Jesus selbst hat die Hautfarbe und Gesichtszüge der jeweiligen Völker angenommen. Damit wollte man nicht demonstrieren, daß Jesus in dem einzelnen Volk zur Welt gekommen ist. Auch für sie wurde er in Bethlehem geboren, wie es die Schrift lehrt. Die Menschen wollen aber damit zum Ausdruck bringen, daß sich das Erlösungswerk Gottes auch für sie vollzogen hat.

Daraus können wir lernen und sollen wissen, daß Jesus Christus für alle Menschen der Herr aller Herren geworden ist, für alle Weg, Wahrheit und Leben (*Johannes* 14,6). Um so mehr sollte es uns Freude bereiten, die Weihnachtskrippe aufzustellen, mit der uns die Botschaft von der Geburt Jesu während der ganzen Weihnachtszeit bildlich vor Augen geführt wird. Möge diese vorliegende Betrachtung dazu beitragen und uns mit der Weihnachtsbotschaft auf den wahren Weg zum Leben bringen.

Die Krippe

In der Bibel lesen wir, daß die Krippe seit Jahrtausenden die Futterstelle für die Haustiere ist. Beim Propheten *Jesaja* heißt es (*Kapitel* 1,3): **„Ein Ochse kennt seinen Herrn und ein Esel die Krippe seines Herrn; aber Israel kennt's nicht, und mein Volk versteht's nicht."** (*Die Treue der Tiere steht der Untreue des Volkes Israels zu Gott gegenüber.*) Nicht zuletzt wird dieser Vers dafür zugrunde liegen, daß Ochse und Esel einen Platz an der Krippe bekommen haben. Aber daß Gott für die Geburt seines Sohnes eine Krippe gewählt hat, hat noch tiefere Gründe. Wenn die Krippe die Futterstelle der Tiere ist, auch im Winter der heimischen Vögel und des Wildes im Forst, so ist für uns Menschen der gedeckte Tisch der Ort, da wir unsere Nahrung zu uns nehmen und uns stärken. Auch wir müssen an den Tisch treten wie das Vieh an die Krippe. Gott will, daß wir Speise haben zu jederzeit. Doch sowie für das Vieh die Krippe die Nahrungsquelle ist, ist für uns Jesus Christus das Brot des Lebens geworden. Zu ihm, dem Brot des Lebens, sind schon bei seiner Geburt die vielen Menschen an die Krippe gekommen. Sie haben die Krippe mit dem neugeborenen Kind in die Mitte ihrer Gemeinschaft genommen. Die Tischgemeinschaft mit Jesus, die er vor seiner Kreuzigung im Jüngerkreis gestiftet hat, hat in Bethlehem ihren Anfang genommen. Deshalb ist es besonders eindrucksvoll, die Krippe als Mittelpunkt im Stall von Bethlehem zu erkennen. Zu ihr sind die Menschen aus allen Völkern gekommen, vertreten durch die Hirten und die Weisen aus dem Morgenland. Aber auch das Vieh stand zufrieden vor dieser Krippe, als wollte es seine Futterstelle als Geschenk an den Gottessohn abgeben, durch den der Apostel Paulus verkünden konnte (*Römer* 8,18+19): **„Dieser Zeit Leiden sind der Herrlichkeit nicht wert, die an uns soll offenbart werden. Denn das ängstliche Harren der Kreatur wartet, daß Gottes Kinder offenbart werden."**

So wartet auch die Kreatur auf die ewige Herrlichkeit, die in der Krippe zu Bethlehem den Anfang gemacht hat.

Das Jesuskind

So sagt man, aber treffender ist der Name „Gottessohn". Wer nur vom Jesuskind spricht, läßt es auch gern in der Krippe. So wird Jesus verniedlicht und bleibt der Bedürftige, der zur Weihnachtsromantik gehört. Der Gottessohn ist aber nicht nur das kleine Kind in der Krippe, sondern zugleich der große Gott, der für die Erlösung aller Menschen **„ auf sich nahm alle Schmerzen"** (*Jesaja* 53,4). Hier in der Krippe hat Gott mit der Welterlösung seinen Anfang gemacht. Dafür wurde das Kind vom Stall in Bethlehem zum Mittelpunkt nicht nur des Geschehens in der Heiligen Nacht, sondern zum großen Wendepunkt der Geschichte Gottes mit den Menschen. Seine Erniedrigung durch die Geburt in einem Viehstall ist der von Gott selbst gewählte Ort in der Heilsgeschichte. Zu diesem Ort führten die Verheißungen und Weissagungen der Propheten - zukunftsweisend, um zwei zu zitieren: **„Uns ist ein Kind geboren, ein Sohn ist uns gegeben und die Herrschaft ruht auf seiner Schulter, und er heißt: Wunder-Rat, Gott-Held, Ewig-Vater, Friede-Fürst"** (*Jesaja* 9,5). - **„Du, Bethlehem-Ephrata, die du klein bist unter den Städten in Juda: aus dir soll mir der kommen, der in Israel Herr sei, dessen Ausgang von Anfang und von Ewigkeit her gewesen ist."** (*Micha* 5,1).

Aber die neutestamentliche Kirchengeschichte führt genauso zu der Geburt des Christus Gottes zurück. So spricht Petrus von Jesus: **„Du bist Christus, des lebendigen Gottes Sohn!"** (*Matthäus* 16,16). Oder Johannes schreibt später: **„ Das Wort ward Fleisch und wohnte unter uns, und wir sahen seine Herrlichkeit, eine Herrlichkeit als des eingeborenen Sohnes vom Vater, voller Gnade und Wahrheit."** (*Johannes* 1,14) Dazu lese man über die bekennende Märtyrerkirche in den ersten nachchristlichen Jahrhunderten, über die Blutzeugen bis zu Martin Luther und dann bis in unsere Zeit hinein (Bonhoeffer u.a.).

Also nicht das kleine Jesuskind liegt in der Krippe, sondern der Sohn Gottes, dem Gott alle Macht und Herrlichkeit übergeben hat und der am Ende der Tage für alle Menschen der höchste Richter, nach Gottes Gnade aber auch der Retter sein wird.

Maria

Die Mutter Gottes sitzt neben ihrem Kind als unbedeutende Magd, wie es die Bibel ausdrückt (*Lukas* 1,48). Sie freut sich, Mutter zu sein. Aber sie weiß auch, daß Gott sie zu einem wertvollen Gefäß ausersehen hatte. Sie mußte den Gottessohn austragen. Dafür hat sie Gott erwählt, eine einfache Frau aus Galiläa, die Verlobte des Zimmermanns Joseph aus Nazareth. Von ihrer Herkunft berichtet die Bibel nichts, auch kennt sie nicht ihre Eltern. (*Während die Kirche Ihrer Mutter den Namen Anna gibt*). Sie soll eine Verwandte der Elisabeth, der Frau des Priesters Zacharias gewesen sein (*Lukas* 1,36). Ja, wer ist Maria? Sie ist die Mutter Jesu Christi, ist da um ihres Sohnes Willen. Als sie erfuhr, daß sie den Gottessohn zur Welt bringen sollte (*Lukas* 1,26), war sie zunächst fassungslos. Sie gab sich dann aber gehorsam an Gott ab und antwortete dem Engel Gabriel: **„Siehe, ich bin des Herrn Magd; mir geschehe, wie du gesagt hast.“** (*Lukas* 1,38).

Vor der Ankündigung der Geburt Jesu war Maria für die Heilsgeschichte bedeutungslos. Als Jesus geboren war, war sie ihm Mutter, aber auch eine Hilfe, bis er mit etwa 30 Jahren in der Öffentlichkeit als der Messias auftrat. Maria hat ihren Sohn auch dann noch begleitet, trat aber immer mehr zurück, und nach der Himmelfahrt Christi wird sie von den Aposteln nicht mehr erwähnt. Mutter Gottes ist sie geblieben und ist es bis zum heutigen Tag. Deshalb haben wir sie auch in unsere Glaubensbekenntnisse eingeschlossen und bezeugen damit, daß Jesus, der Sohn Gottes, durch einen Menschen in diese Welt zu den Menschen gekommen ist.

Damit ist Maria auch ein Vorbild aller Mütter geworden, die ihr Kind unter dem Herzen tragen und nicht ahnen können, was sich Gott durch seine Gnade mit diesem Kind vorgenommen hat. Alle einflußreichen Menschen auf dieser Erde, aber vor allem auch alle Diener und Knechte Gottes, die Gott in sein Werk gerufen hat, sind von Müttern geboren, die nicht ahnen konnten, was aus ihren Kindern werden würde. Sie dürfen auf die Krippe schauen, dankbar, wie Maria neben dem Jesuskind.

Joseph

Joseph kommt aus dem Stamm David (*Matthäus* 1,1-16). Galiläa mit der Stadt Nazareth ist nicht nur ein fruchtbares, sondern auch ein wirtschaftlich gesundes Land. So ist auch Joseph als Bauhandwerker gut abgesichert. Als frommer Mann ging er jährlich zum Osterfest nach Jerusalem (*Lukas* 2,41) und auch in den Tempel. Um so mehr war er entsetzt zu hören, daß Maria, seine Verlobte, schwanger war (*Matthäus* 1,19). Gott aber läßt ihm durch einen Engel im Traum sagen, daß seine Braut von Gott berufen ist, Mutter des Sohnes Gottes zu werden (*Matthäus* 1,20). So reist dann Joseph mit Maria zur Volkszählung in seine Heimatstadt Bethlehem. Aber weil sie **„ keinen Raum in der Herberge“** bekamen, mußten sie mit einem Viehstall vorlieb nehmen. Dort kam der Messias zur Welt. Anbetend und dankend steht Joseph neben Maria an der Krippe, in die sie das Kind gelegt hatten. Gott hat Joseph zum gesetzlichen Vertreter für den noch unmündigen Sohn berufen, einen einfachen Handwerker, aber gottesfürchtig. Als gläubiger Jude wartet er auf die Erfüllung der biblischen Verheißung. Ihn hat Gott genauso für seine Menschwerdung auserwählt wie Maria. Joseph weiß sich bestätigt. Mit Maria gemeinsam hat er Jesus auf dem Lebensweg zu begleiten, ihn zu behüten und zu bewahren, bis Gott sich seiner selbst annimmt. Schon früh wird er dafür auf die Probe gestellt, als der König Herodes von der Geburt des neuen Königs der Juden erfährt und diesem Kind nun nach dem Leben trachtet. Noch einmal erscheint der Engel Joseph im Traum: **„Stehe auf und nimm das Kindlein und seine Mutter zu dir und fliehe nach Ägyptenland“** (*Matthäus* 2,13). Als dann die Gefahr in Israel vorüber war, bekamen sie göttliche Weisung, wieder zurückzureisen.

Nur einmal noch wird Joseph erwähnt, als er mit seiner jetzt anvertrauten Frau Maria und dem zwölfjährigen Jesus nach Jerusalem zum Osterfest wandert. Dann nennt die Bibel seinen Namen nicht mehr. Der Gottesmann Joseph hatte seinen Lebensauftrag erfüllt. Auch Joseph wurde von der katholischen Kirche heilig gesprochen und 1870 von Papst Pius IX. zum Schutzpatron der Kirche erklärt.

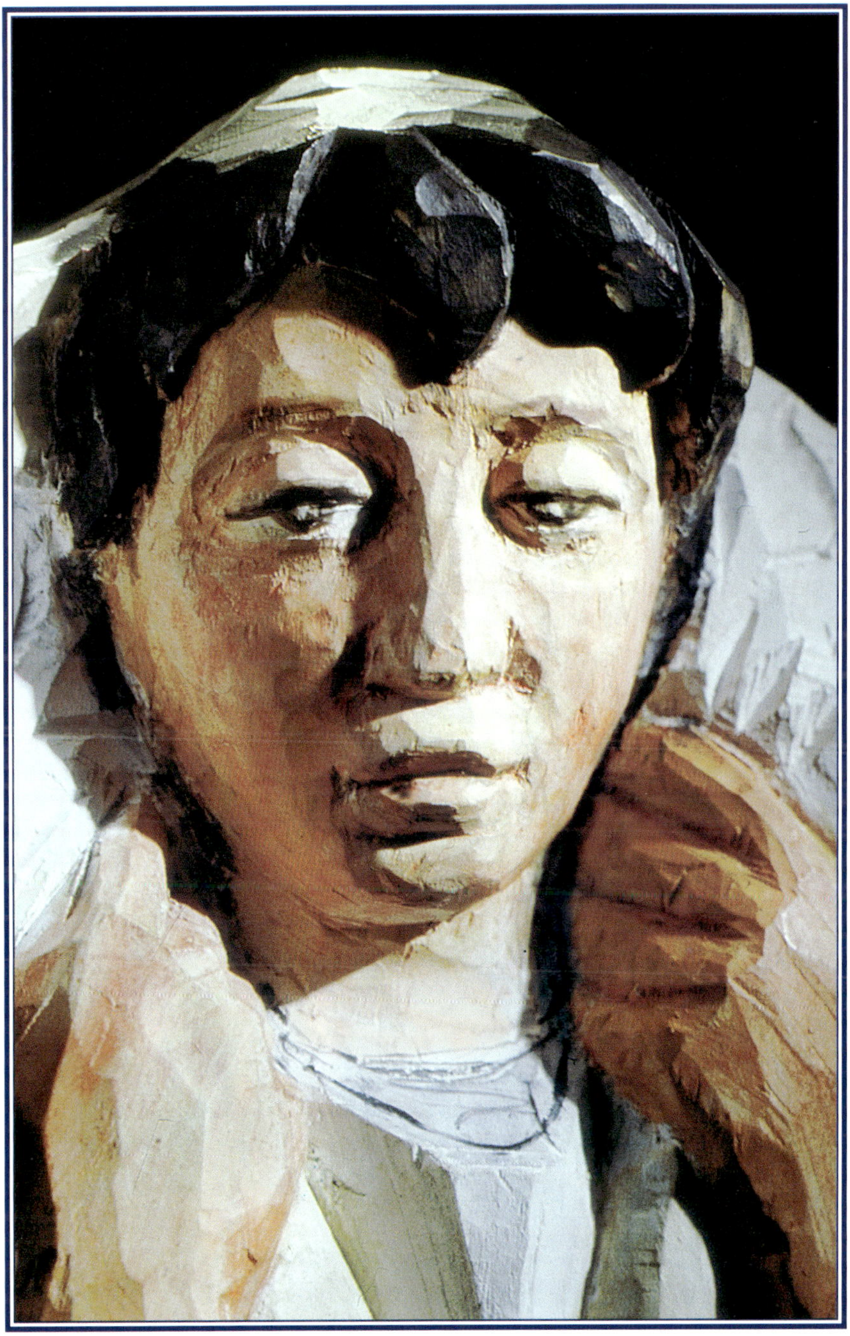

Die Hirten

Man könnte den Eindruck haben, daß es jetzt im Stall von Bethlehem ruhig und wohnlich geworden sei. Maria wird für das Kind sorgen, Joseph für den erforderlichen Lebensunterhalt. Aber es dauert nicht lange, dann kommt leichte Unruhe in die Herberge. Als wollte sich ein Chor zum Ständchen versammeln, wird es vor dem Stall lebendig. Eine Gruppe alter, erfahrener Hirten hat sich eingefunden, und sie haben sogar ihre Herden mitgebracht. Kein Chor bringt ein Ständchen, sondern blökende Schafe. Der Althirte wird sich zum Sprecher gemacht haben und erzählen, daß ihnen in der Nacht ein großes Wunder widerfahren sei. Bei aufleuchtendem Himmel habe ihnen ein Engel die Botschaft von der Geburt des Gottessohnes gebracht und sie angewiesen, nach Bethlehem zu gehen und das Kind anzubeten. Danach habe ein großer Engelchor den Frieden auf Erden ausgerufen. Die Geschichte erzählt, daß die Hirten ehrfürchtig an die Krippe getreten seien, um dann wieder umzukehren und die Kunde von der Geburt Jesu in die Welt hinauszutragen. Damit waren die Hirten nicht nur die ersten Zeugen der Menschwerdung Gottes, sondern zugleich auch die ersten Boten, die das Evangelium verkündet hatten.
Der Hirtenberuf hat nach der Heiligen Schrift die älteste Tradition in der Menschheitsgeschichte. Abel wurde ein Schäfer. Kain aber wurde ein Ackersmann (1. *Mose* 4). Und in der frühen Geschichte Israels werden die Verantwortlichen des Volkes mit den Hirten verglichen. Der Prophet Micha spricht vorwurfsvoll zu seinem König Ahab: **„Ich sah ganz Israel zerstreut auf den Bergen wie Schafe, die keinen Hirten haben."** (1. *Könige* 22,17) So hat auch Jesus später die jüdische Geistlichkeit als untreue Hirten (Mietlinge) bezeichnet. Er selber konnte sich aber durch die Gnade seines Vaters als der wahre Hirte darstellen: **„Ich bin der gute Hirte und kenne die Meinen. - Und ich lasse mein Leben für die Schafe."** (*Johannes* 10, 14+15). Eindrucksvoll ist für dieses Bekenntnis der 23. Psalm, der uns letztendlich an Jesus weisen möchte mit den ersten Worten: **„Der Herr ist mein Hirte!"** So wird mit den Hirten an der Krippe schon der Auftrag Jesu vorweggenommen, den ihm der Vater gegeben hat.

Ochse und Esel

Sie gehören als sehr wichtige Tiere zur Krippe, wenn sie in der Weihnachtsgeschichte auch nicht genannt werden. Vor meiner aus Olivenholz geschnitzten Weihnachtskrippe liegen beide Tiere friedlich und einander zugewandt, als wollten sie sich unterhalten. Man könnte meinen, daß sie stolz darauf seien, daß sie an das fremde Kind aus Nazareth ihren Futtertrog als Ruhebett abgegeben haben. Und weil es ein besonderes Kind sein soll, fühlen die Tiere sich verpflichtet, vor der Krippe das Wächteramt einzunehmen. Aber Ochse und Esel sind auch nicht unwichtige Symbolfiguren an der Weihnachtskrippe, weshalb man ihnen hier einen Platz eingeräumt hat:
Der Ochse war im Alten Bund, also im Alten Testament das wertvollste und teuerste von den Opfertieren. Er wurde vom Hohenpriester am großen Versöhnungstag Gottes mit seinem Volk jährlich als Sühneopfer im Tempel dargebracht (3. *Mose* 16). Im Aufblick zu Jesus können wir aber singen: Jesus ist kommen, ein Opfer für Sünden (EG 66,6).
Der Esel gehört ebenfalls an die Krippe. Im Orient ist auch er das notwendigste Haustier. Er ist Reit- und Lasttier zugleich. Er trug Maria und das Kind auf der Flucht nach Ägypten, und als Jesus seinen irdischen Auftrag vollendet hatte, zog er auf einem Esel in Jerusalem ein. So hatte es der Prophet Sacharja vorausgesagt: „Seht euer König kommt zu euch! Er bringt Gerechtigkeit, Gott steht ihm zur Seite. Demütig ist er vor seinem Gott. Er reitet auf einem Esel." (*Sacharja* 9,9*f*)
So wie die Könige Israels als Zeichen ihrer Demut vor Gott und dem Volk auf einem Esel zur Krönung nach Jerusalem einritten, so reitet auch Jesus als Friedenskönig der ganzen Welt in die Stadt, dem Kreuz entgegen. Der Esel weiß, wieviel Last er zu tragen vermag. Wird ihm eine Ladung zu schwer, geht er nicht von der Stelle. Diese Verhaltensweise läßt uns nachdenklich werden. Wie schnell verzweifeln wir, wenn Sorgen und Lasten uns plagen? Man mag nicht weitermachen. Aber Jesus ist gekommen, um unsere Last zu tragen. Er bietet sich als Lastenträger an. Jesus spricht: **„Kommet her zu mir alle, die ihr mühselig und beladen seid; ich will euch erquicken."** (*Matthäus* 11,28).

Schafe

Keiner weiß, was sich im Stall von Bethlehem zugetragen hat. Die Weihnachtsgeschichte berichtet nichts von Schafherden, die mit zur Krippe gekommen sind, aber die Tradition geht davon aus, daß die Hirten sich mit ihren Schafen aufgemacht haben, weil man sie auf dem Hirtenfeld nicht ohne Aufsicht zurücklassen konnte. So gehören selbstverständlich auch zur Weihnachtskrippe einige Schafe, stellvertretend für die ganze Herde. Denn auch die Schafe haben wie Ochse und Esel für die Verkündigung symbolische Bedeutung. So wie die Hirten werden sie im Laufe der Geschichte Israels notwendig erwähnt. Die Gemeinden sollen nicht sein wie Schafe ohne Hirten (4. *Mose* 27, 17). Dieses Bild führt bis ins Neue Testament hinein, wie es bereits im Zusammenhang mit Jesus unter der Betrachtung der Hirten angedeutet wurde. Wer eine Schafherde beobachtet hat, weiß, daß die Tiere zusammenhalten, sich die fette Nahrung der Weideflächen teilen und keinen Futterneid kennen. Wenn es erforderlich wird, rücken sie zusammen, um einander zu wärmen oder sich so zu schützen. Sie kennen ihren Hirten und achten die Hunde, die sie bewachen, damit keines von ihnen verlorengeht. Ein gutes Beispiel für die Gemeinde Gottes, für die Jesus als unser Herr und Hirte auf die Welt gekommen ist.

Aber das Schaf gehörte auch im Alten Bund zu den wertvollen Opfertieren. Beim Propheten *Jesaja* lesen wir im 53. Kapitel vom leidenden Gottesknecht (*Vers* 6+7): **„Wir gingen alle in die Irre wie Schafe, ein jeder sah auf seinen Weg. Aber der Herr warf unser aller Sünde auf ihn. Als er gemartert ward, litt er doch willig und tat seinen Mund nicht auf wie ein Lamm, das zur Schlachtbank geführt wird..."** Unter diesen Gedanken zeugt Johannes der Täufer von Jesus, als er auf ihn zukommt: **„Siehe, das ist Gottes Lamm, welches der Welt Sünde trägt."** (*Johannes* 1,29) Jesus, das Opferlamm. Dafür bitten wir in der Liturgie: **„Christi, du Lamm Gottes, der du trägst die Sünd' der Welt, erbarm dich unser. - Gib uns deinen Frieden!"** Schafe vor dem Stall in Bethlehem: Wegweisend für die Gemeinde des Herrn und hinweisend auf Christus, den Heiland der Welt.

So werden sie von der jungen Kirche in den ersten Jahrhunderten proklamiert. Wahrscheinlich hat man sich von der Aussage in *Jesaja* 60, *Vers* 3+6 leiten lassen, wo es heißt: **„Die Heiden werden zu deinem Lichte ziehen und die Könige zum Glanz, der über dir aufgeht. - Sie werden aus Saba alle kommen, Gold und Weihrauch bringen..."** So läßt sich auch erklären, daß diese Männer mit königlichen Geschenken kamen. Die dritte Gabe ist Myrrhe, ein wohlriechendes kostbares Harz, das man dem heiligen Salböl beimischte (2. *Mose* 30,23). Auch haben diese drei königlichen Gaben zu der Annahme geführt, daß wohl drei Könige zur Geburt Jesu nach Bethlehem gekommen sind.

Das Matthäusevangelium berichtet von den **„ Weisen aus dem Morgenland"** (so hat Luther übersetzt). Im Urtext steht für **„ Weise"**» das Wort magos = Magier. Und da sie aus dem Morgenland kamen, das für Israel Babylonien war, darf man davon ausgehen, daß es gelehrte Menschen, wahrscheinlich astrologische Wissenschaftler waren, die dem **„Stern"** gefolgt sind, um den neugeborenen König zu beehren. Dieser plötzlich auftretende und auffallende Stern sollte auf die Geburt eines Weltenkönigs deuten, und die Gäste aus dem Morgenland haben ihn gefunden!

Prof. D. Adolf Schlatter schreibt dazu sehr eindrucksvoll: „Dadurch, daß wir aus dem Mittelalter übernommen haben, daß es drei Könige gewesen wären, wird der tiefe Ernst verdeckt. Vielmehr hat Gott in der Finsternis Irrende, die nichts von Gott wußten, als was die stummen Sterne sagen, zu ihm gebracht." Ob nun Weise, Magier oder Könige an die Krippe traten, es ist schon keine schlechte Tradition, wenn wir auch Könige Zeugen der Geburt Jesu werden lassen, die durch ihn Gott die Ehre geben. Die Botschaft sagt uns damit, daß Jesus der Herr aller Herren und König aller Könige wurde. So dürfen Arme und Reiche zu Jesus kommen, sich besinnen und neu geboren werden, bereit für Gottes Ewigkeit. (*Johannes* 3,3)

Kamele

Daß auch Kamele an die Krippe kamen, berichtet die Weihnachtsgeschichte nicht, aber wenn wohlhabende Menschen aus dem fernen Orient nach Bethlehem reisen, kommen sie sicher mit einer Karawane. So nehmen wir an, daß die vornehmen Herren mit ihren Reittieren direkt zum Stall nach Bethlehem gekommen sind, während alle übrigen vor dem Tor der Stadt blieben. Dazu würde auch die Weissagung aus *Jesaja* 60,6 passen, die bereits zitiert wurde: **„Denn die Menge der Kamele wird dich bedecken, die jungen Kamele aus Midian und Epha. Sie werden aus Saba alle kommen ... und des Herrn Lob verkündigen."**
Wie auch die bereits aufgeführten Haustiere, Ochse, Esel und Schafe gehören die Kamele zu den treuen Diensttieren der Menschen im Orient. Besonders aber das Kamel ist nicht nur wie auch der Esel ein Lasttier, sondern man kann es nach heutigem Verständnis als Langstreckentier bezeichnen. Durch seinen großen Magen mit wasser- und nahrungsspeicherndem Gewebe kann es bis zu 25 Tage ohne Wasser auskommen. Außerdem kann es als Lasttier eine Tagesstrecke von etwa 50 km zurücklegen. Damit hat es als Wüstentier alle Voraussetzungen, bis es sich an der dann nächsten Oase laben kann.
Das läßt uns nachdenklich werden, wenn die alte kirchliche Tradition auch dem Kamel an der Krippe von Bethlehem einen Platz zuweist. Es deutet auf das zukünftige Wirken Jesu. Auch ihm sind für sein Erdenleben, um es im Bilde zu sehen, Wüstenwanderungen und Durststrecken nicht erspart geblieben. Er ist den Weg der Menschen gegangen. Der Apostel Paulus schreibt dazu (*Philipper* 2,7): **„Er nahm Knechtsgestalt an, ward gleich wie ein anderer Mensch und an Gebärden als ein Mensch erfunden."** Das ist uns Trost und Zuspruch zugleich. Viele Begleiterscheinungen sind in unserem Leben den Durststrecken gleich. Dann aber dürfen wir auf Jesus hören: **„ Kommet her zu mir alle, die ihr mühselig und beladen seid; ich will euch erquicken."** (*Matthäus* 11,28)

Der Engel des Herrn

In der Heiligen Schrift des Alten und Neuen Testamentes werden wiederholt Engel genannt, die dem Menschen zur Seite stehen oder Nachrichten von Gott überbringen. Sie nehmen dann eine Mittlerstellung ein und bekommen die Bezeichnung **„Engel des Herrn"** (Engel=angelus=Bote). In der Weihnachtsgeschichte, angefangen bei der Ankündigung der Geburt Johannes des Täufers (*Lukas* 1,13), dann vor Maria als Gottes Bote für die Geburt Jesu (*Lukas* 1,26) tritt der Engel sehr persönlich auf. Er stellt sich mit seinem Namen „Gabriel" (Held Gottes) vor. Gabriel war einer der Erzengel, der erstmalig im Buch *Daniel* (*Kapitel* 8,16) erwähnt wird. Erzengel sind die Ranghöchsten unter den Engeln.
Der **„Engel des Herrn"** hat die Kunde von der Geburt Jesu nicht nur Maria, sondern auch Joseph gebracht (*Matthäus* 1,20), dann den Hirten auf dem Feld vor Bethlehem (*Lukas* 2,9+10). Als der König Herodes Jesus töten lassen wollte, war es wieder der Engel des Herrn, der Joseph im Traum erschien, um ihm dringend mit seiner Familie zur Flucht nach Ägypten zu raten (*Matthäus* 2,13). In Ägypten hatte Joseph ein drittes Mal die Engelerscheinung, die ihm von Gott sagen ließ, daß sie in ihre Heimat zurückkehren dürften (*Matthäus* 2,19).
Jesus hatte in seinem Leben auch zu seinem Vater wiederholt Kontakt durch die Engel. Er selber hatte es seinen Jüngern angekündet, als er sie berufen hatte: **„Ihr werdet den Himmel offen sehen und die Engel Gottes hinauf- und herabfahren auf des Menschen Sohn"** (*Johannes* 1,51). So geschah es auch schon bei der Versuchung durch den Satan (*Matthäus* 4,11): **„Siehe, da traten die Engel zu ihm und dienten ihm".**
Die Gestalt des Engels gehört nicht direkt zu den Krippenfiguren, aber weil der **„Engel des Herrn"** mehrfach bei der Geburt Jesu Einfluß genommen und Jesus auch bis zu seiner Auferstehung zur Seite gestanden hat, hat er zu dem Kind in der Krippe besonderen Bezug. Deshalb bekommt diese Figur häufig einen Platz in der Nähe der Krippe; wenn es sich ergibt, auch über der Krippe. So wie zu Jesus sendet Gott auch heute seine Engel zu uns.